西暦	日本の動き	アジア・アフリカ
1890		1893 ガンジー南アフリカにわ
		1894 日清戦争（―1895）
		1899 清＝義和団事件（―1901）
1900		1900 日本、ロシアなど6か国が

自由民権の思想　社会主義の思想　資本主義が発達　帝国主義・大陸進出開始

国家体制成立　近代文学の開花　大正デモクラシー

1905 孫文、中国革命同盟会を東京で結成
1906 インド国民会議　反イギリス運動おこる
1908 青年トルコ党の革命
1910 日韓併合
1911 清＝辛亥革命

1912 中華民国成立　孫文、臨時大総統に就任

1915 ガンジー南アフリカから帰国
1919 ガンジーのサチャグラハ運動はじまる
　　　中国国民党成立
1921 中国共産党成立
1922 ガンジー逮捕される（―1924）
　　　エジプト独立宣言
　　　オスマン帝国滅亡
1923 トルコ共和国成立
1929 インド国民会議派、完全独立を要求
1930 ガンジー、塩の行進
1934 ガンジー、国民会議派から脱退
1937 日華事変（日中戦争）はじまる

1940

目　　次

キュリー夫人	文・浜　祥子 絵・鮎川　万	6
ライト兄弟	文・浜　祥子 絵・中渡治孝	20
ガンジー	文・浜　祥子 絵・岩本暁顕	34
ロマン・ロラン	文 臼井邦子　絵 鮎川　万	48
スコット	文 大塚夏生　絵 鮎川　万	50
ゴーリキー	文 有吉忠行　絵 鮎川　万	52
マチス	文 大塚夏生	54
アンドレ・ジッド	文 有吉忠行　絵 鮎川　万	56
レーニン	文 有吉忠行　絵 鮎川　万	58
ラザフォード	文 ワシオトシヒコ　絵 もりとう博	60
読書の手びき	文 子ども文化研究所	62

せかい伝記図書館 15

キュリー夫人
ライト兄弟
ガンジー

いずみ書房

キュリー夫人

(1867—1934)

夫ピエールとともにラジウムを発見し、生涯に2度もノーベル賞を受賞した女性科学者。

●ポーランドの少女

いまから100年ほどまえ、ポーランドの首都ワルシャワに、元気でとても勉強ずきな兄弟がいました。

上から順にゾーシャ、ブローニャ、ヘラ、ジョジォ、マーニャの5人です。父親のスクロドフスキーは、理科の先生です。母親も学校の先生でしたが、いちばん下のマーニャが生まれたころ結核におかされ、勤めをやめて、家でねたり起きたりという生活をしていました。

この末っ子マーニャこそ、のちに偉大な科学者となったキュリー夫人です。

スクロドフスキー家の子どもたちは、土曜日の夜がだいすきでした。みんなで大きなテーブルをかこみ、父の話を聞いたり、理科の実験をしたり、詩の朗読をしたりすることになっていたからです。ゾーシャは、本を読む

のがとてもじょうずでした。小さなマーニャは、はじめのうちはだまって話を聞いていましたが、すぐに文字をおぼえてしまい、5歳のころから、どんどん本を読むようになりました。

　こんなマーニャですから、小学校に入ると、たちまち評判のゆうとう生になりました。

「マーニャは、なんでも1度でおぼえてしまうのね」
「マーニャの頭は、どうなってるのかなぁ」
　マーニャは学校の人気者でした。

　しかし、楽しい学校にいても、ときどきマーニャのむねの奥が、チクリと痛みました。病気の母のことが気に

なるのです。

「神さま、おかあさんを早く元気にしてください」

一日の終わりに、こうお祈りするのが、マーニャの習慣になっていました。

●悲しみをのりこえて

大きな不幸が、スクロドフスキー家に、あいついでやってきました。マーニャが小学校に入ってまもなく、よく本を読んでくれたゾーシャがチフスにかかって死んでしまいました。その2年ご、病気の母も帰らぬ人となってしまったのです。

たった10年しか母親といっしょに暮らせなかったマーニャの悲しみは、どんなに大きかったことでしょう。祈りを聞いてくれなかった神さまを、マーニャは心からうらみ、大人になってからも、二度と、神を信じようとはしませんでした。

そのころ、ワルシャワはとなりの国ロシアに占領されており、ポーランド語を話すことを禁じられていました。生活や習慣もロシア式にすることを強制され、人びとの暮らしは不自由で不満にみちていました。

マーニャの父は、科学者としてすぐれた力をもちながら、ふさわしい職場もたいぐうもあたえられませんでし

た。少しの給料で子どもたちを養っていくのは、どんなにたいへんだったことでしょう。

　4人の子どもたちは、家庭教師などのアルバイトをして、自分と兄弟の学費をかせぎ、それぞれ、大学や専門学校にすすみました。

　ロシア支配下のポーランドでは、女の人が大学に入ることを許さなかったので、ブローニャは医学を勉強するためにフランスに行き、やがて、マーニャもソルボンヌ大学に入学しました。

　24歳のこのときから、マーニャは名まえをフランス風に、マリー・スクロドフスカとあらためました。

●マリーの苦学時代

　パリのソルボンヌ大学には、世界のほうぼうの国から勉強する人たちが集まっていました。なかでも、マリーの勤勉さはきわだっていました。
　若い女性だというのに、おしゃれすることなど、思いもつかないのです。髪をうしろでひとつにまとめ、いつも飾り気のない黒っぽい服を着ていました。そんなマリーが教室のいちばん前で、真剣にノートをとるすがたはほんとうに美しく、かえって人の目をひきました。
　授業が終わると、まっすぐ図書館にいき、閉館になるまでそこで勉強をつづけました。そうすれば、電気代も暖房費も節約できたからです。図書館をしめ出されると、寒い下宿のやねうら部屋に帰り、毛布にくるまって、さらに物理やフランス語の勉強に没頭しました。
　はっと気がつくと、もう夜中です。
「ああ、今日も夕食をとるのを忘れてしまったわ」
　いくら若いといっても、こんなむりが長くつづくはずはありません。とうとう、ある日友人と話しているとき、マリーは貧血でたおれてしまいました。
　友人の知らせで、ブローニャの夫のカジミールがとんできました。カジミールは医者なので、マリーがどんな

にむちゃな生活をしているか、ひとめでわかりました。
「こんなことをしていたら死んでしまうよ。しばらくぼくの家にきなさい。ビフテキの薬ぜめにしなくちゃ」
　ブローニャの家で、たっぷり栄養をとり元気になって、マリーはやねうら部屋にもどってきました。しかし、やっぱり何日かたつと、勉強に熱中し、むりをかさねてしまうのでした。
　こんなにまでしたマリーの努力が、1893年の夏、みごとに実りました。物理学の学士試験を１番でパスしたのです。さらにそのつぎの年には数学科で２番という成績をおさめました。

●運命のであい

　ピエール・キュリーとであったのは、マリーが数学の学士試験にむけて、眠る時間もおしんで勉強しているときでした。初めて会ったときから、ふたりは、科学や数学、物理の実験などの話にむちゅうになりました。

　マリーは、いままで、男の人とゆっくり話をしたことがありませんでした。それより、ひとりで本を読んだり、実験室でいろんな実験をしているほうが、ずっと楽しかったのです。

　ところがピエールと話していると、時間のたつのも忘れてしまうほどです。

　ピエールにとっても、マリーのような女の人は初めてでした。むずかしい専門的な話が、マリーには、みんな通じるのです。科学者のピエールが、よぶんな説明をしなくとも、自分の仕事の話ができるのです。

（こんな女の人といっしょに、ずっと研究ができたら、どんなにすてきだろう……）

　やがて、ピエールは、マリーに結婚を申しこみました。
　マリーは迷いました。大学を卒業したらポーランドに帰り、祖国独立のために教育者となってはたらきたいと、ずっと思いつづけてきたからです。それにワルシャワに

いる年老いた父のことも気になります。
　思いなやむマリーのところへ、父から手紙がきました。
「おとうさんのことは、ジョジョがいるから心配いらないよ。ピエールと結婚してパリで勉強をつづけることが、いちばんいいことだと思う。おとうさんも、そのことを心から望んでいるよ」
　マリーの心は決まりました。
　1895年、マリーは27歳で、キュリー夫人となりました。

●キュリー夫人の論文

　ピエール・キュリーは、医者の次男としてパリに生ま

れたきっすいのフランス人で、磁気に関する『キュリーの法則』などを発見した科学者です。

幼いピエールに特別な才能があることをみぬいた父は、息子を学校には入れず、専門の家庭教師をつけて、才能をじゅうぶん伸ばせるような勉強をさせました。

そのため、ピエールは兄のジャックとともに、みるまに知識を吸収し、若くしてりっぱな学者になりました。兄弟ふたりの共同研究によって、いくつかの科学上の発明や発見がなされています。

マリーは、このすぐれた学者の妻になったのです。

ピエールとの生活は、勤勉なマリーの向学心を、いっそう燃えたたせました。

そのころ、ベクレルという人が、ウラン鉱石から、目には見えない光線が出ていることを発見しました。

マリーは、このことにとても興味をもちました。

「どこからも光を受けずに、それ自身が光っている！」

ふしぎです。どうしてウランは光るのでしょうか。

光る原因をつきとめたいとマリーは思いました。

ベクレルは、そこまでは研究していませんでした。

さっそく、ピエールに相談しました。

「できたらこの研究を、博士論文のテーマにしたいの」

「いいところに目をつけたね。このことは、まだだれも

とりくんでいないから、ぼくもできるだけ手助けするよ」
　ピエールは、勤め先の理科学校にたのんで、物置小屋をかりて、ふたりの実験室にしました。雨もりのする寒い小屋の中で、マリーはウランの放射線にとりくみ始めたのです。

● 未知の元素

　いろいろな石を、ひとつひとつ調べていくうちに、マリーはたいへんなことを発見しました。
　ふしぎな光を出すのは、ウランとトリウムの入った石だけのはずなのに、ピッチブレンドという石から、ウラ

ンとトリウムが出す光より、ずっと強い光が出ているのです。マリーは、ピエールの部屋にとんでいきました。
「これはすごい。ピッチブレンドの中に、ウランでもなく、トリウムでもない、強い放射線を出す物質がひそんでいるんだ。きっと、未知の元素があるんだ」
　ピエールは、自分の研究を中断して、未知の元素をさがす手助けをしてくれました。
　しんぼう強い実験のくり返しで、やっとその正体がつきとめられました。それは、２つありました。
「君がみつけたんだから、いい名まえをつけておやり」
　マリーは、１つには、ポーランドの頭文字をとってポロニウム、もう１つにはラジウムと名まえをつけました。
　マリーの論文には、世界じゅうの学者がおどろきました。
「ほんとに、そんなものがあるのか」
「ラジウムをこの手にのせてみないうちは信じられん」
　それはもっともなことでした。
「ピエール、やりましょう。鉱石の中から、ラジウムをとり出してみましょう」
　その日から、マリーは何トンというたくさんのピッチブレンドを、毎日毎日とかしつづけました。きつい仕事でした。つかれて家に帰れば、生まれたばかりの長女イレーヌのせわ、食事のしたく、山ほどの洗濯、そして実

験の記録と検討が待っています。そのうえ暮らしを助けるために、マリーは女学校で物理を教えていたのです。

つかれはて、何度もたおれそうになりながら、ピエールはマリーをはげまし、マリーはピエールをはげましつづけました。

1か月が半年になり、1年、2年と過ぎさっていき、3年たちました。

3年と9か月めのことでした。とうとう、マリーはラジウムをとり出したのです。塩粒のようなラジウムは、うす暗い物置小屋の中で、青い光を放っています。

「ラジウムがこんなにきれいでよかったね」

ピエールは、やけどだらけの妻の手をとり、いつまでも青い光のまたたきにみとれていました。
　ラジウムは、ウランの200万倍もの放射能をもっており、その放射線は、鉛以外のどんな固い金属でも通すことができました。これはたいへんな発見でした。
　ラジウムのとり出しかたを自分たちの権利として、特許をとっておけば、夫妻にはばくだいなお金が入ってきます。そうすれば、念願の広い実験室もつくれるはずです。
　しかし、夫妻はなにひとつ秘密にせず、この新しい元素に関するすべてを公表しました。
　この偉大な仕事によって、1903年、キュリー夫妻はベクレルとともに、ノーベル物理学賞を受けました。

● どんなことがあっても……

　世界じゅうの目がキュリー夫妻にむけられて初めて、フランス政府はピエールにソルボンヌ大学教授の地位を、そしてマリーには、その実験室主任という役目をあたえてくれました。これで生活はずいぶんらくになりました。
　しかし、そのよろこびもつかのま、1年ごにピエールは荷馬車にひかれ、46歳という若さで死んでしまいます。
　39歳で最愛の夫を亡くしてしまったマリー・キュリー。
　深い悲しみのなかから、マリーの勇気をふるいたたせ

てくれたのは、ふたりの娘たちと思い出の実験室でした。
「どんなことがあっても、研究をやめてはいけない」
　いつもピエールが言っていた言葉にはげまされ、マリーは、いっそう研究にせいをだし、イレーヌとエーブをりっぱに育てました。44歳で2度めのノーベル賞を受け、1914年に完成したラジウム研究所の初代所長になりました。そのころから、マリーのからだは少しずつ放射能におかされていきましたが、66歳、研究所でたおれるまで実験をやめませんでした。キュリー夫人の亡くなった翌年、研究を受けついだ長女イレーヌは夫ジョリオとともに、キュリー家に3度めのノーベル賞をもたらしました。

ライト兄弟

ウィルバー（1867—1912）
オービル　（1871—1948）

世界で初めて、エンジンつき飛行機による飛行に成功し、人類につばさをあたえた兄弟。

●空を飛ぶ夢

　人間は大むかしから、鳥のように自由に空を飛びたいという夢をもっていました。
　15世紀の終わりころ、イタリアのレオナルド・ダ・ビンチは、鳥の飛びかたをこまかく観察して、鳥の羽に似たものをつくり、それをはばたかせながら飛ぶ機械を設計しました。これは、実際にはつくられませんでしたが、そのごも「はばたき飛行機」をつくろうという試みがずっとつづけられていました。
　18世紀の終わりころになると、気球で空を飛ぼうと考えるようになり、フランスのモンゴルフィエ兄弟が実験に成功して、2000メートルの高さまで上昇しました。これは、のちの飛行船の発明の糸口となりました。
　気球でもなく、はばたき機でもない、風に乗って飛ぶ

　グライダーが考えだされたのは、19世紀に入ってからのことです。
　ドイツのリリエンタールは熱心なグライダーの研究者で、1890年ころから2000回以上も実験をかさねていました。そして、ついには自分がグライダーに乗り、からだを動かして、かたむきを調整しながら350メートルも飛べるようになったのです。世の中の人は、リリエンタールを鳥人とかひま人とか言ってからかいました。しかし、リリエンタールは、なおも実験飛行をつづけ『空飛ぶ実験』という本まで書きました。
　この本を読んで、すっかりグライダーにとりつかれて

しまった自転車屋の兄弟がいました。
　アメリカ・オハイオ州のデートンにあるライト自転車商会のライト兄弟です。

●ライト兄弟

　兄のウィルバー・ライトは1867年、弟のオービル・ライトは1871年に生まれました。兄弟には、年のはなれた兄が二人、妹が一人いました。父はキリスト教会の牧師をしていましたが、暮らしは豊かではありませんでした。でも子どもたちは、自由なふんい気の中で、のびのびと育てられました。ウィルバーとオービルは、年が近かったせいか、いつもいっしょで、二人ともとても工作ずきでした。
　1日じゅう物置小屋に閉じこもっては、こまごまとした物をつくったりこわしたりすることにむちゅうでした。
　そんな二人を、ある日すっかりとりこにしてしまったものがありました。父がシカゴからおみやげに買ってきてくれたおもちゃです。
　ゴムのついた小さなプロペラをぐるぐるまわして、空にむかって放りあげれば、ピューンという音をたてて飛んでいくふしぎなおもちゃでした。
「ヘリコプターっていうんだ」

　めずらしそうに見ている友だちにも、飛ばしかたを教えてあげました。子どもたちは毎日あきもせず、100回も200回も飛ばしました。
　兄弟は、ヘリコプターのしかけをすっかりのみこんでしまうと、さっそく同じものをつくり、友だちに売って工作費をかせいだりしました。
「にいさん、ぼく、これに乗って空を飛んでみたいなあ」
「ぼくも、そう思っていたんだ」
　空への夢は、幼い二人の心の中に、しだいにしのびこんできたのです。
　機械いじりのすきなライト兄弟は、大学にはすすまず、

力を合わせて自転車屋を開きました。まだ自転車もめずらしい時代だったので、店はとてもはんじょうしました。
二人は、自分たちで自転車をつくり「ライト・フライアー号」と名づけて売りだしました。そうして、どうにか暮らしが楽になってくると、自転車をつくるかたわら、飛行機について書かれた本を、かたっぱしから読みはじめたのです。

二人は、またたくまにたくさんの知識を吸収していきました。

●グライダーに心ひかれて

1896年のある日、悲しい知らせが報じられました。
リリエンタールが実験飛行のさいちゅうに、ついらく死してしまったのです。
事故のようすが写真入りでのっている新聞を、兄弟はくいいるように見つめました。
「にいさん、リリエンタール博士は、横からの突風にあおられて、あっというまにたたきつけられたらしいよ」
「空中で、グライダーがつりあいを保つには、どうしたらいいんだろう……」
二人は夜のふけるのも気づかず、グライダーの空中でのバランスについて話しあいました。

　調べてみると、リリエンタールは2000回以上も飛んでいるのに、1回の飛行時間はたった10秒たらずです。
「10秒じゃ、あんまり短すぎて、つりあいのことを調べるひまなんかないね、にいさん」
「まったくだ。まず問題は、グライダーをいかに長く空中に浮かばせるか、それを考えることにありそうだな」
　リリエンタールの死は、ライト兄弟の飛行熱を、いっそう燃えたたせました。

● たいせつな思いつき

　風の日にはいつも、デートンの町はずれでたこをあげ

ている、二人のすがたがありました。
「ライト兄弟は変わり者だね。いい大人が、自転車屋そっちのけで、１日じゅうたこをあげているんだから」
　町の人たちは、そういってうわさしました。
　グライダーのつりあいを研究するために、たこにして、飛ばすことを思いついたのは、弟のオービルでした。
　たこなら、たとえ突風をうけてついらくしてもだいじょうぶです。
　何度もたこをあげているうちに、とてもたいせつなことがわかりました。つばさを上下２枚にして、つばさの先をそれぞれちがった角度に向ければ、かたむきかけたとき、うまく水平にもどれます。
　二人は、作業場にこもって、この発見をもとにして２枚羽根の箱型のグライダーをつくりあげました。つばさの先は、骨組みをしめつけている針金のそうさによって、カーブを大きくしたり小さくしたりできます。
　現在の飛行機は、つばさのうしろに補助翼をつけ、これを上下に動かして風からうける力をかげんし、それでつりあいをとっています。ライト兄弟が発見したのは、この補助翼のもとになるものでした。
　グライダーの実験は、ノース・カロライナ州のキティ・ホーク海岸で行なうことにしました。いつも適当な風が

ふいているうえに、砂丘をクッションに使えるので、実験には便利です。あたりに人家のないのが、なんといっても安心でした。

　人っ子ひとりいない砂浜の風の中で、兄弟はくりかえしくりかえし箱型グライダーを飛ばしました。そうして自信をつけたあと、一人が乗って試してみたのです。

　グライダーは砂丘を下りはじめ、とつぜん、ふわっと浮きあがったかと思うと、ほんの少し滑走して砂地に突っこみました。

　わずかですが飛びました。しかし、もっと長い時間飛べると信じていただけに、兄弟は力がぬけたようにがっ

かりしてしまいました。
「問題はつばさだ。つばさの形なんだ」
　デートンに帰ると、二人は風洞をつくりました。
　風洞というのは、箱型のトンネルの中に風を通すそうちです。小型のいろんな形をしたつばさをつくり、このトンネルの中で風にあて、理想的なつばさの形を探しだします。
　兄弟のつくったつばさは、200種以上にもなりました。
　もう、ライト兄弟は、ただの飛行機マニアではなく、りっぱな科学者でした。

● 初飛行まで

　風さえあれば、ライト兄弟のグライダーは確実に飛ぶことができました。そのうえ、つばさの改良によって、行きたい方向にも飛べるようになりました。
「あとは、プロペラとエンジンをつけて、まったく風のないときでも飛べるようにすることだ」
「飛行機につむのだから、軽くて力のあるエンジンでなければいけないな」
　そんなエンジンは、どこを探しても見つかりません。
　二人はいつものように、軽くて馬力のあるエンジンを、自分たちでつくり始めました。

　1903年の秋、やっとエンジンとプロペラができあがりました。エンジンは90キログラムで、これ以上になったらグライダーは飛べないというぎりぎりの重さです。
　いよいよ、エンジンつきグライダー、つまり飛行機の初飛行のときが近づいていました。
　12月には、ワシントンのポトマック川の上で、ラングレー博士のエンジンつきグライダーを飛ばす実験が行われる予定です。ラングレー博士は大科学者で、この実験には大きな期待がかかっています。アメリカ政府も大金を出して、博士の研究を応援していました。新聞は、早くからそのことを書きたてていたのでライト兄弟も強

い関心をよせていました。
「ぼくたちの実験には、だれも見むきもしないね」
「かえっていいよ。よけいな気を使わなくてすむもの」
　この年のキティ・ホークの天候はひどく荒れていて、くる日もくる日も暴風がふきまくっていました。
　二人は、砂丘にキャンプテントを張り、毎日飛行機の組みたてに専念しました。あいまをみては、古いグライダーで、飛び立ちかたやそうじゅうの練習をくりかえしました。
　キティ・ホークに冬がきました。
　すべての準備を整えて、風のしずまるのをじっと待っていた二人に、ラングレー博士の実験が失敗し、グライダーは飛びあがらないまま、ポトマック川に突っこんでしまったという知らせが届きました。
　兄弟は、深いため息をつきました。
「ぼくらは、ぼくらを信じてやるしかない」

● 歴史的な日

　12月17日。フライアー1号と名づけられた飛行機は、プロペラをふるわせていました。
「にいさん、だいじょうぶだろうか」
「オービル、心配ないよ。フライアー1号は必ず飛ぶ」
　でもオービルは不安です。もし失敗してついらくした

ら、ウィルバーは死んでしまうかもしれません。
　ウィルバーは飛行機に乗りこみ、腹ばいになりました。
「にいさん、すべて異常なし！」
「じゃあ、行くぞ。オービル、プロペラをまわしてくれ」
　近くの難破船救護所の男たちが5人、遠くから不安げに見ています。そのなかの一人は、兄弟にたのまれて、カメラをかまえて立っていました。
　飛行機は、ゆっくりレールの上をすべりだしました。
　グァーン！
　レールから離れた機体は、ウィルバーを乗せたまま、かるがると宙に飛び立ちました。

「やった！飛んだ！飛んだ！」

見あげるオービルの目から、なみだがあふれました。

数人しかいない見物人のまえで、二人の飛行機が空中を飛んだのは、12秒という、ほんのわずかな時間でした。

でも、ライト兄弟にとっては、長いあいだの願いがやっとかなった夢のような時間だったのです。

●飛行機のめざましい進歩

「ラングレー教授にできなかったことが、教育もろくに受けていない自転車屋にできるもんか」

新聞記者やデートンの人ばかりでなく、アメリカじゅうがライト兄弟の成功を信じませんでした。

かえって、イギリスやフランスが、ライト兄弟の実験に注目し、兄弟を招いていろいろ話を聞きたがりました。

1908年に、ウィルバーは、フランスじゅうの飛行家が見守るなかで、1時間2分30秒も飛んでみせました。英雄のようにほめたたえられたのはいうまでもありません。ライト兄弟の名は、イギリス、ドイツ、イタリアなどでも、大評判になりました。

ライト兄弟にならって、あちこちの国で飛行機がつくられ、どんどん改良されていきました。

そのころになって初めてアメリカは、ライト兄弟の功

　績を認め「ライト飛行機会社」から1台の飛行機を買い入れたのです。
　この飛行機にとりつかれた兄弟は、結婚することなく終生いっしょに暮らしました。
　1912年に、ウィルバーがチフスにかかって死んでしまうと、オービルはひどく悲しんで、3年ごには会社の仕事からいっさい手をひいてしまいました。そして、ふるさとのデートンで孤独な晩年を過ごしました。1948年にオービルが76年の生涯を閉じたとき、世界の空は鋼鉄製のジェット機の時代をむかえていました。

ガンジー

(1869—1948)

不服従と非暴力で、イギリスの支配からインドを独立させた、民族解放運動の指導者。

●きびしいカースト制

　モハンダス・カラムチャンド・ガンジーのことを、インド人は、マハトマ・ガンジーとよんでいます。

　マハトマというのはインド語で「偉大な魂」という意味です。インドの人びとから、信頼と尊敬の気持ちをこめてマハトマとよばれたガンジーも、子どものころは、ごくふつうの気の弱い男の子でした。

　インドの国民は、ヒンズー教を信じるヒンズー教徒とイスラム教を信じるイスラム教徒がほとんどです。圧倒的におおいのはヒンズー教徒です。ヒンズー教には、きびしいカーストという身分制度があって、国民は、つぎの４つの階級に分けられていました。

　１ばんめは、バラモン（ヒンズー教の僧侶）
　２ばんめは、クシャトリア（王、貴族、武士）

　３ばんめは、バイシャ（農民、商人、職人）

　４ばんめは、スードラ（どれい）

　さらにこの下に、貧しいために人間としてあつかわれず、さげすまれている人びとがいました。その人たちは、不可触賤民とよばれていました。この人たちはもちろんのこと、どれいの子が商人やお坊さんになったりすることはできません。カーストのちがう人びとのあいだでは、結婚はもちろん、交際することすらできないのです。

　ガンジーがインド西海岸のアラビア海に面したポルバンダルで生まれたとき、父はその地方の総理大臣でした。かなり裕福な家庭でしたが、ガンジー家は、カーストで

いえば、3ばんめのバイシャに属していました。

● 2つのできごと

　ガンジーは、少年時代に2つの大きなできごとを経験しています。

　1つは、13歳のときに、同じ年のカストルバイと結婚したことです。13歳といえばまだ子どもです。ふつうなら結婚など考えられない年齢ですが、同じカーストのなかでしか結婚のできないインドでは、てきとうな相手がいれば早いうちに結婚させてしまうのが習慣でした。

　うっかりすると一生結婚できないことになってしまうからです。

　もう1つのできごとは、友だちのメータブにさそわれて、羊の肉を食べたことです。

　そのころ、ほとんどのインド人は宗教のおきてを守って、動物の肉は食べませんでした。まして、熱心なヒンズー教徒のガンジー家では、たまごさえ口にしなかったくらいです。ガンジーがかくれて肉を食べたことを知ったら、両親はどんなになげくかしれません。

「インドを占領しているイギリス人が、あんなにでっかくて強いのは、肉を食べているからだよ。ぼくらインド人が、イギリス人を負かすくらい強くなるには、牛肉で

も豚肉でもどんどん食べて、大きくならなくちゃ」
　メータブの声が耳について離れず、ガンジーは２度も３度も、さそわれるままに肉を食べました。
　肉を食べた日は、おなかがいっぱいで夕飯が食べられません。はじめは「おなかがいたい」などと言ってうそをついていましたが、だんだんそのことが苦しくなってきました。とうとう、ガンジーは決心しました。
「メータブ君、ぼくはもう肉を食べるのはやめるよ。インド人が肉食をしてからだをつくるのはたいせつなことかもしれない。でも、いまのぼくには、両親にうそをつかないことのほうがたいせつな気がするんだ。大人に

なったら、せいせいどうどうと肉を食べることにするよ」
　そのご、ガンジーはイギリスの大学に留学しましたが、母の教えを守って、ひときれの肉も食べませんでした。そればかりか、ロンドンの菜食の会というグループに入って、人間は本来、穀物と野菜のみを食べ、動物を殺して食べるのはいけないという考えをいっそう強め、それからは生涯、肉を口にしませんでした。

●青年弁護士

　ロンドンで法律を学んだガンジーは、弁護士の資格をとってインドに帰りました。そしてまもなく、南アフリカの、ある商社の事件をひきうけることになりました。
　裁判の仕事は1年の契約でしたので、妻や子どもはインドに残し、1893年の5月、ひとり南アフリカに渡りました。24歳のこの若い弁護士のむねは希望にあふれ、初めての地、南アフリカに大きな期待をいだいていました。
　ところが、ダーバンの港に足を一歩ふみ入れたとたん、ガンジーの思いはうらぎられ、暗い気持ちにならざるをえませんでした。
　南アフリカには、出かせぎにきているインド人がたくさんいました。そのインド人が、白人から差別され、とてもひどいあつかいを受けていたのです。

　裁判の行われるプレトリアという町へは、汽車と馬車を乗りついで行かなければなりません。ガンジーは、さっそく予約しておいた１等車に乗りこみました。
　ところが、しばらくすると白人の車掌がやってきて、貨車に移れというのです。
「わたしは、１等のキップを持っています」
「そんなものインド人に通用するもんか。つべこべ言わずに貨車に移れ！移らないと警官を呼ぶぞ」
　それでもガンジーががんばっていると、ほんとうに警官を呼んできて、荷物もろともガンジーをつぎの駅のプラットホームにほうり出してしまいました。

プレトリアへ行くあいだじゅう、ずっとこの差別はつづきました。
「なんということだ。同じ人間でありながら！」
　この地方にはアジア人特別法という法律があって、有色人種はすべて、人間あつかいされていないということが、まもなくわかりました。
　弁護士という高い地位にあるガンジーでさえこのようなあつかいを受けるのですから、身分も低く財産もない人たちは、どんなにひどいめにあっているでしょう。
　ガンジーは、すっかり考えこんでしまいました。

● **たちあがるガンジー**

　約束の１年がまたたくまに過ぎ、裁判も無事に解決しました。ガンジーは予定どおりインドに帰るために、ナタールのダーバン港にむかいました。そのとちゅう、ある新聞記事が目にとまりました。「インド人の選挙権」というところです。国会議員を選ぶ権利をインド人から取りあげようという法律案が、議会に出されようとしているのです。
　新聞を見たインド人たちが、ガンジーのところにとんできました。
「どうしたらいいんでしょう。ガンジーさん、どうかイ

ンドに帰るのをもう少しのばして、わたしたちのために力をかしてください。お願いします」

　なかまの不幸を見すてて帰るわけにはいきません。ガンジーは帰国を1か月先にのばして、さっそく、わるい法律をつくらせないための運動を始めました。

　インド人ばかりを差別し苦しめる法律を、南アフリカ政府は、つぎつぎにうち出してきます。長期にかまえてねばり強く戦っていかなければなりません。ガンジーは、南アフリカにこしをすえる覚悟をし、家族をつれにいったんインドに帰りました。1896年、27歳のときです。

　インドに着くやいなや、ガンジーは南アフリカでひど

いめにあっているインド人のことをくわしく書いたパンフレットを作って、インドじゅうの政治家や新聞社に、送りました。こうして、南アフリカでのできごとは、インドのすみずみまで広まっていったのです。

●不服従運動始まる

南アフリカでの情勢はますますひどくなり、インド人はなにかにつけていじめられ、不満は大きくふくれあがっていました。

ふたたび南アフリカにもどってくると、ガンジーは、ひとつの運動の形を考えだしました。

わるい法律には絶対従わない、そのための罰はだまって受けて暴力では反抗しないというやりかたです。

「正しいことをねばり強くやりぬくことこそほんとうに強いといえるのです。それは暴力さえもかなわぬ力です」

ガンジーは、このやりかたを、サチャグラハ運動と名づけました。真理をしっかりつかむという意味です。

インド人は一人残らず指もんを役所に登録しなければならないという「新アジア法」がつくられたとき、サチャグラハ運動は、だれも登録しないという態度で反対しました。登録しない人びとは、法律にそむいたということでつぎつぎつかまえられてろうに入れられました。

　ろうには、100人200人とインド人があふれ、役人はどうすることもできなくなってしまいました。
　一家のはたらき手がろうにつながれていては、家族の暮らしがたちません。ガンジーは、そういう家族を集めて共同生活することを思いつき、農園をつくりました。
　こうして、ガンジーを中心とする非暴力不服従運動はしだいに南アフリカ政府をゆさぶり、インド人たちは少しずつ人間らしい生活をとりもどしていきました。

●インドに帰って

　1914年、南アフリカをあとにして、ガンジーはイン

ドに帰ってきました。

　インドは、統治国のイギリスに富をみんなしぼりとられて、むざんにも荒れはてていました。

　ガンジーは、22年ぶりの故国を旅して、村や町の暮らしぶりをくまなく見てまわりました。

　南アフリカにいたころは、白人への反抗心からむりに1等車に乗ったりしましたが、サチャグラハ運動を始めてからは、ガンジーは3等車にしか乗りません。イギリス製の背広もぬぎすて、インド綿の白い布をからだにまきつけました。くつもはきません。ぞうりです。

　1年近くそうやって各地を歩いてみて、インドの貧しい人びとの暮らしぶりがどんなにひどいものか、痛いほどわかりました。

「イギリスから独立しなければ、インドはこのみじめさと貧しさからぬけ出すことはできない。インドがひとりだちするために、サチャグラハ運動を全インドに広げていこう」

　ガンジーは強い決心をしました。そして人の上に立って指導をするからには、身も心も常に清らかにしておかなければならないと考え、たびたび断食をくり返しました。あまりからだのじょうぶでないガンジーを、妻のカストルバイが、いつもそばで支えていました。

●独立にむかって

　ガンジーが帰国したころから、第1次世界大戦が始まっていました。イギリスは、インドが戦争に参加すれば、戦後に独立させると約束しました。しかし、戦争が終わると、約束を守らないばかりか、かえってきびしい法律をつくって、インド人をおさえつけてきたのです。
　いまこそ、サチャグラハ運動を盛り上げるときです。
「国じゅうのイギリス製品を焼きすてて、自分たちでつくったインド綿の服を着よう。インドでとれる綿をイギリスに渡すまい。機械でなく、この手で布はつくれるの

だ。自分たちで糸をつむぎ、自分たちで布を織ろう。イギリスに占領されるまえのインドでは、ずっとそうして暮らしてきたではないか」

家の奥にしまいこまれていた手つむぎ車が、ふたたび動きだしました。男も女も老人も若者も、だれにでもできることで、イギリスにせいいっぱいの反抗をしようというのです。ガンジー自身、時間を見つけては、手車をまわして糸をつむぎました。

イギリスの支配からぬけ出るために、ガンジーは眠る時間さえおしんで動きまわりました。何回もの断食をへて、ガンジーのからだは、あばら骨が見えるほどにやせ細っていました。その細いからだを白いもめんの布でつつみ、長いつえをついて歩くガンジーのすがたは、運動のリーダーというより、聖者のようでした。

何度もろうに入れられ、重い病気をくり返しながら、ひたすらインド独立のために生活のすべてを注ぐガンジーの名は、しだいに世界に知れわたっていきました。

1930年、ダンディ海岸にむかって、もくもくと歩いていく人の群れがありました。先頭を歩いているのは、61歳のガンジーです。塩をつくってはいけないという法律にそむいて、自分たちで塩をつくろうという行進です。

80人で始まったこの行進に、ぞくぞくと民衆が加わり、

海岸で法律破りの塩づくりが行われました。
　サチャグラハ運動は、ますます輪を広げ、4万人5万人とその力をましていったのです。
　1947年に、ようやくインドは独立しました。しかし、イスラム教とヒンズー教の対立から、パキスタンとインドに分かれて独立することになってしまいました。
　あくまで、インドは1つの国となるべきだと、ガンジーは主張し、和平のために、争いのはげしいところへも出かけていきました。そして、そのとちゅうで若者のピストルにたおれてしまったのです。悲しいことに暴力が、マハトマ・ガンジーの命をうばってしまいました。

ロマン・ロラン （1866—1944）

　ロマン・ロランは、長編小説『ジャン・クリストフ』でノーベル文学賞を受賞した、フランスの小説家です。
　教育熱心な両親に育てられたロランは、20歳のときにパリの高等師範学校へ進んで歴史と哲学を学び、卒業ごは、2年間イタリアへ留学して、さらに音楽史や美術史を研究しました。また、留学中に、理想主義にもえるマイゼンブルク夫人と知りあって、楽聖ベートーベン、文豪ゲーテらの生涯について教えられ、偉大な人びとへの尊敬と愛をふかめました。
　帰国ご、高等師範学校とパリ大学で芸術史、音楽史を教えるようになりましたが、やがて、『狼』『ダントン』などの革命劇を書きはじめました。1894年に、軍の横暴で無実のユダヤ人が投獄される「ドレフュス事件」が起こり、この事件にしげきされて、人間の自由を守るための革命に心をひかれるようになったのです。そして、つぎには、芸術家たちの純粋な心を見つめて『ベートーベンの生涯』『トルストイの生涯』『ミケランジェロの生涯』などの伝記を、次つぎに発表しました。
「偉大な芸術家たちにも、あんな苦しみがあったのか」
　伝記を手にした人たちは、人生のきびしさを学びました。
　人間の成長の歴史を、社会の発展とむすびつけてえがいた大河小説『ジャン・クリストフ』。この大作にとりくみ始めたのは、ロランが38歳のときでした。ベートーベンを愛したロランは、この大音楽家の生涯を心のどこかにとどめていました。そのためか、この小説には、真実に向かって勇ましく生きぬいていく人間のすがたが、みごとにえがきつくされています。

「人間は、勇気をもって気高く生きなければいけない」

およそ10年の歳月をかけて書きあげられた『ジャン・クリストフ』は、世界じゅうの人びとに大きな感銘をあたえました。

1914年に第1次世界大戦が始まりました。ロランは、人間愛にもえてペンをとり、小説『ピエールとリュース』、評論『戦争を越えて』などで、戦争の悪を叫びつづけました。また、戦争が終わってからも、インドのガンジーらと手をとりあって、人類の平和をむしばむ地球上の帝国主義と闘いました。

67歳のとき、人間の良心の勝利をえがいた、ロランの第2の大作『魅せられたる魂』を書きあげ、そのごも、衰えていくからだにむちうって、人間の自由をたたえる作品を発表していきました。第2次世界大戦中の1944年、ロランは、人間の理想の道をあゆみつづけた78歳の生涯を終えました。『ベートーベン研究』が、最後の大きな仕事でした。

スコット （1868—1912）

　南極探検家ロバート・ファルコン・スコットは、1868年に、イギリスのデボンポートという小さな町で生まれました。
　スコット家は、軍人のおおい家がらでした。そこで少年スコットも13歳で海軍兵学校へ入り、19歳のときには、もう、りっぱな海軍士官になって、軍艦に乗りこんでいました。
　19世紀から20世紀の初めにかけては、いろいろな国が、地球の果てへの探検に夢中になっていました。探検に成功すれば、自分の国の力を、世界に示すことができたからです。
　1901年、スコットは、国がはけんする探検隊の隊長に任命されて、南極探検へでかけました。そして、見渡すかぎりの氷のなかで、2度、冬をすごし、さまざまな科学調査をみやげに、1904年に帰ってきました。探検隊の役割は十分に果たしましたが、南極点までいけなかったことが、心残りでした。
「南極点へ1番のりしよう」
　1910年、スコットは、テラ・ノバ号に乗って、ふたたび南極大陸へ向かいました。こんどは、科学調査よりも、人類最初の南極点到達が大きな目的でした。南極点への夢は、まだ、だれも果たしていません。しかし、ちょうど同じころ、ノルウェーの探検家アムンゼンが、南極点1番のりをめざしていました。
「イギリスの名誉のために、アムンゼンに負けてはならない」
　南極大陸へ上陸したスコットは、基地でひと冬すごして準備をととのえ、1911年11月1日、いよいよ基地を出発しました。
　ところが、1200キロメートルの氷原を死にものぐるいで越えて、南極点まであと1歩のところまできたとき、スコットも

隊員も、うちのめされてしまいました。犬ぞりのあとがあります。テントが残っています。アムンゼンに先をこされたのです。
南極点にかけつけてみると、すでに、ノルウェーの国旗がひるがえっていました。
「負けた。アムンゼンに負けた。ノルウェーに負けた」
スコットは、心のなかで叫ぶだけで、声もでませんでした。
隊員をはげまして観測を終え、一夜を極点で明かしたスコットは、重い足を基地へ向けました。しかし、スコットも、4人の隊員も、基地へはたどりつけませんでした。はげしい雪あらしにおそわれ、手も足も凍傷にかかって動けなくなり、眠るように息が絶えてしまったのです。
「祖国の名誉のために死にます。神よ、家族をお願いします」
これが、手帳に書き残された、最期の言葉でした。スコットの勇気は、いまも、イギリス国民の誇りになっています。

ゴーリキー (1868—1936)

マクシム・ゴーリキーは、汗を流してはたらく貧しい人びとのことを考えつづけた、ソ連の作家です。

1868年に、ボルガ川中流の、ニージニー・ノブゴロドという町で生まれました。家具職人の父を4歳のときに亡くし、さらに7年ごには母も失ったため、小学校へもろくに行かないうちに、荒あらしい社会に、ひとりほうり出されてしまいました。

ごみすて場をあさるくず屋。くつ屋のこぞう。製図工の見習い。船の皿洗い。しばい小屋の下っぱ役者。パン焼き職人。

ゴーリキーは、大人にまじって、毎日ふらふらになるまではたらきました。なれない仕事で大やけどをしたり、主人に、背中がラクダのこぶのようにはれあがるほど、棒でなぐられたりしました。環境の暗さにおしつぶされ、ピストル自殺をくわだてたことさえありました。

しかし、どんなに苦しいときでも、ゴーリキーは読書を欠かさず、勉強をおこたりませんでした。そして、人間らしい生活をもとめて社会と闘う、心の強い労働者に成長していきました。
「苦労したことは宝だ。でも、この宝を、自分ひとりでしまいこんでいるだけではだめだ」

24歳のころから、ゴーリキーは小説を書き始めました。それまでの経験をいかして、自由がどんなにたいせつかを訴えたのです。作品は、まるで聖書のように、手から手へと読みつがれ、若い作家の名とともに広がっていきました。

仕事もなく、最低の毎日をやりすごす人たちの、みじめな運命を描いた『どん底』がモスクワ芸術座で上演されたときは、

いつまでも拍手が鳴りやみませんでした。
　ところが、おおくの労働者から尊敬されればされるほど、ゴーリキーは国にたてつく人間として、政府の役人からにらまれるようになってしまいました。しかし何度とらえられ、ろう獄に入れられても、ときには命を守るために外国へ逃げなければならなくなっても、国の権力にはけっして屈しませんでした。
　ひとりの貧しい母親が、革命にめざめていくすがたを描いた『母』や、自分の生いたちを見つめた『幼年時代』などの作品を通して、はたらく人びとがしあわせにならなければならないことを、さけびつづけました。
　1917年、皇帝の支配する政府がたおれて社会主義の国が建設されると、ゴーリキーは、若い作家を指導して新しい文化をつくるために活躍し、1936年に68歳で亡くなりました。古い考えの人たちの手で、殺されてしまったとも伝えられています。

マチス （1869—1954）

　アンリ・マチスは、1869年に、北フランスに生まれました。父は、商人でした。マチスは、のちに、20世紀前半のフランスを代表する画家になりましたが、少年時代から絵がすきだったわけではありません。初めは、父にすすめられるままに法律を学び、20歳のときには法律事務所ではたらきはじめました。

　絵をかくようになったのは、21歳の年からです。盲腸の手術を受けて養生しているとき、絵がすきだった母にすすめられて、ひまつぶしにスケッチブックに向かっているうちに、絵の世界からはなれられなくなってしまいました。

「芸術はすばらしい。思いきって画家になろう」

　22歳のとき決心しました。母は許しましたが、父は反対でした。しかし、胸にもえはじめた火を、もう消すことはできません。マチスは、パリへ出ました。そして、3年ののち、有名な画家モローにみとめられて無試験で美術学校へ入り、モローの指導を受けるようになりました。

　初めは、物をありのままにえがく写実主義の絵をかきました。ところが、モローに「絵は、自分の個性をたいせつにして自由にえがけ」と教えられ、さらに、のちの大画家ルオー、マルケらと交わるうちに、心に感じたことを大胆にえがく新印象主義へ移っていきました。

　1905年、なかまといっしょに、サロン・ドートンヌに作品をだしました。赤、青、黄などの明るい原色をそのまま使った、おどろくほどあざやかな絵でした。すると、絵を見た批評家が叫びました。「まるで、野獣のような絵だ」

マチス画『自画像』『装飾的人体』

　マチス、ルオー、マルケらの絵は、このときから野獣派（フォービスム）とよばれるようになりました。そして、そのごのマチスは『生きるよろこび』など数おおくの傑作をつぎつぎに生み、野獣派の中心になって活躍しました。

　パリで一流の画家になったマチスは、48歳のときから、心のくつろぎを求めて、地中海にのぞむニースに移り住みました。そして、キャンバスに向かうだけではなく、壁画『ダンス』をえがき、詩集のさし絵や切り絵も創作しました。

　70歳をすぎると病気がちになりました。でも、芸術への情熱は、まだ失いませんでした。82歳の年に、建築、壁画、ステンドグラスなどに自分の残りの全生命をうちこんで、マチスの記念碑とたたえられるバンスの礼拝堂を完成したのです。

　22歳のときに胸にともした火がもえつきたのは、バンスの礼拝堂の鐘が鳴りはじめて、3年めでした。

アンドレ・ジッド（1869—1951）

「キリスト教の教えや、これまで人間が守ってきた社会の道徳は、ほんとうに、どれほど正しいのだろうか」

定められた神の教えや道徳よりも、自分の良心をたいせつにして、自分に正直に生きようとする、人間の心の苦しみを考えつづけたアンドレ・ジッドは、フランスの作家です。1869年、大学教授で心の広い父と、信仰心が深く厳格な母のあいだに生まれました。

早くに父を亡くし、母の手ひとつで育てられたジッドは、からだが弱く、学校も休みがちで、いつも自分だけの世界にとじこもっているような少年でした。

孤独にすごすことがおおかったからでしょうか、早くから人間の心や神について深い興味をいだき、14歳のころには哲学や文学や宗教の本を読みふけるほどでした。文学者として生きることを心に決めたのも、まだ20歳まえのことです。22歳になったジッドは、いとこへの愛の苦しみを告白した『アンドレ・ワルテルの手記』を著わし、作家への道を歩みはじめました。

28歳のときに『地の糧』、33歳のときに『背徳者』を発表して、人びとの心にさまざまな波もんを投げかけました。アフリカへ旅したとき、からだも心もはだかのままに生きる原住民のすがたに心をうたれたジッドは、神に背を向けた自由な人間の生きかたを、小説を通してたたえたからです。

「神の教えに従おうとする心と、自分の思うままに生きようとする心。人間のなかにある、この2つの心のあらそいを、どのように解決していったらよいのだろうか」

　やがて、人間のこういう心のむじゅんを深くほりさげた作品『狭き門』『田園交響楽』『贋金つかい』などを発表すると、作家ジッドの名は世界に広まりました。
「どのように生きるのが、もっとも人間らしい生きかたなのだろうか」ジッドは、自分の疑問を、自分だけでなく世の人びとに問いつづけたのです。
　年老いてからのジッドは、ふたたびアフリカへ旅をして、原住民を人間あつかいしない植民地の政治に反対をとなえ、また、ソ連へ行って共産主義に心をよせました。
　ジッドは、人間が人間らしく生きていける平和な世界を願いながら、82歳で亡くなりました。1947年にノーベル文学賞を受賞して、4年ごのことでした。
　ジッドは「現代の良心」とよばれました。すべてのものを、自分の良心のふるいにかけてつかみだしてみせたからです。

レーニン （1870—1924）

　ウラジミル・イリッチ・レーニンは、はたらく人びとの社会主義の国ソビエト連邦を建設した革命家です。1870年に、ボルガ川のほとりのシンビルスクで生まれ、教師の父からはげんかくに、文学や音楽を愛する母からは、やさしく育てられました。

　そのころのロシアは、皇帝や貴族たちが政治の権力をにぎり、自由をうばわれた労働者や農民たちは、いつも貧しいくらしをおしつけられていました。国民のおおくは皇帝をにくみ、レーニンも、貧しい人びとのいなくなる国を夢にえがきながら成長しました。

　16歳のときに父を亡くし、つぎの年には、皇帝暗殺の計画に加わっていた兄が死刑になり、レーニンの心は大きくゆれ動きました。

「労働者を賃金であやつる資本家をたおし、すべての人間が平等に豊かにくらせる社会主義を、うちたてなければならない」

　マルクス主義に心をうたれ、国の政治に反対する学生運動に参加して大学を退学させられたレーニンは、同じ考えの人たちと手を結び、はたらく人びとの社会をきずくために闘い始めました。また、闘いのかたわら、大学卒業の資格試験に合格して弁護士になり、弱い人たちの味方になって活躍しました。

　しかし、権力をもたない人たちの手で国の政治を変えることは、雲をつかむよりも、たいへんなことでした。

　政府や警察ににらまれて、25歳のときには14か月も監獄に入れられ、さらに2年ごには、3年間も遠いシベリアにとじこめられました。シベリアからもどってからも、いのちを守る

ために何度も国の外へにげださねばなりませんでした。レーニンの考えに反対する男に銃でうたれて、重傷を負ったこともありました。

　レーニンは、どんなことにもくじけず、とらわれているときは本を読み、論文を書き、外国にいるときは新聞を発行して自分の考えを訴え、革命への灯を燃やしつづけました。1914年に第1次世界大戦がおこったときは、貧しい人びとを苦しめる戦争に反対して、国をくつがえす運動を広めていきました。

「レーニンばんざい。労働者ばんざい」

　1917年、レーニンは人民委員会議議長にえらばれて、革命はついに成功しました。そして、1922年には、ソビエト社会主義共和国連邦をつくりあげました。しかし、それからわずか2年ごに、世界の労働者に惜しまれながら永遠の眠りにつきました。ソビエト国民のために生きた、はげしい生涯でした。

ラザフォード (1871—1937)

　すべての自然科学の研究のなかでも、特にちゅうもくされているのが、原子や原子核についての研究です。その原子物理学のもとになる新しい考え方をいくつも生み出し、実験で証明して、発展の道をきりひらいたのが、1908年にノーベル賞を受賞した、アーネスト・ラザフォードです。

　1871年、ラザフォードは、ニュージーランドの開拓民の家に生まれました。小さいときから勉強熱心で、好奇心が人一倍強く、実験をしたり、道具の組みたてをするのが好きでした。

　ニュージーランドの大学で学んだのちは、1895年にイギリスへ渡り、ケンブリッジ大学のキャベンディシュ研究所に入学しました。すでに物理学の研究を生涯の仕事と決めていたラザフォードは、その熱心さが認められて、電子を発見したトムソン教授のもとで指導をうけることになりました。研究所でラザフォードが始めた実験は、エックス線を気体にあてて電離させる研究でした。

　このころ世界では、現代の物理学の出発ともいわれるような発見がたくさんありました。ドイツのレントゲンのエックス線や、フランスのベクレルの放射線の発見などです。

　ラザフォードも負けてはいませんでした。1898年、カナダの大学に教授としてまねかれると、いままで以上に研究や実験をくりかえし、アルファ線、ベータ線の発見をしました。

　また、化学者ソディと協力して、これまで永久に変わらないものと考えられていた原子が、変化をするという画期的な考えも発表しました。

1871〜1973
E. Rutherford

　やがて、ふたたびイギリスにもどると、1911年には、アルファ線の散乱を調べて、原子が核をもつことも明らかにしました。
　トムソン教授のあとをついで、48歳のとき、キャベンディシュ研究所の所長になったラザフォードは、研究への情熱を、ますます燃えあがらせました。
　ラザフォードは、自分だけの研究に没頭するのではなく、助手の中性子発見の研究をはげましたり、原子核破壊の実験を助けたりして、おおくの研究者のなかから、ノーベル賞受賞者を10人近くもだす結果となって実をむすびます。
　研究と実験をかぎりなく愛し、情熱をそそいだラザフォードは、研究活動が最高潮だった66歳の秋、とつぜん病気にかかり、亡くなりました。偉大な業績をたたえて「原子物理学の父」とよばれています。

「読書の手びき」

キュリー夫人

マリー・キュリーの末娘エーブの著わした『キュリー夫人伝』は、次のような文ではじまっています。「マリー・キュリーの生涯は波瀾をきわめ、数々のエピソードにとんでいるので、何か伝説でも語るように彼女の一生を語りたい気持ちにかられる」。娘からみて、母の一生が伝説のように思えるのですから、まして、われわれがキュリー夫人を伝説の人のように思えるのは当然かも知れません。それは2つもノーベル賞をもらったせいでしょうか。女性として、はじめてソルボンヌ大学で講義したためでしょうか。ラジウムを発見して、原子物理学の窓を開いたからでしょうか。キュリー夫人は、それらのどれひとつとして望んではいませんでした。「もの」の本質を知りたいという強い思いだけが、キュリー夫人をつき動かし、おしゃれ、物欲、世間体などには微塵も関心を示さなかったのです。そのことが、マリーを伝説の人にしたのかも知れません。

ライト兄弟

1903年に初めてライト兄弟が飛ばした飛行機は、いまから思えば本当にちっぽけなものでした。木のわくに布を張りつけただけの2枚の翼、それにプロペラとエンジンをつけただけの、まるでおもちゃのようなものでした。現在のジャンボ・ジェット機も、そのおもちゃのようなフライアー1号と同じ原理で飛んでいるのですから驚きです。まさに、ライト兄弟は飛行機の生みの親です。しかし、ライト兄弟以前に、どんなに多くの人々が、空を飛ぶための実験をくりかえし、そのことに命をかけてきたことでしょう。そうしたひとりひとりの試みが、時を熟させ、飛行機の出現を促したともいえます。それにしても、ライト兄弟のチームワークの良さには感心させられます。みごとな二人三脚こそ、飛行機に取り組んでい